Ismael Sy

MORALE STÉRILE

AF523436

Ismael Sy

MORALE STÉRILE

Les oubliés du "KIVU"

Éditions Muse

Imprint

Any brand names and product names mentioned in this book are subject to trademark, brand or patent protection and are trademarks or registered trademarks of their respective holders. The use of brand names, product names, common names, trade names, product descriptions etc. even without a particular marking in this work is in no way to be construed to mean that such names may be regarded as unrestricted in respect of trademark and brand protection legislation and could thus be used by anyone.

Cover image: www.ingimage.com

Publisher:
Éditions Muse
is a trademark of
Dodo Books Indian Ocean Ltd. and OmniScriptum S.R.L publishing group

120 High Road, East Finchley, London, N2 9ED, United Kingdom
Str. Armeneasca 28/1, office 1, Chisinau MD-2012, Republic of Moldova, Europe
Printed at: see last page
ISBN: 978-620-4-96417-1

Copyright © Ismael Sy
Copyright © 2023 Dodo Books Indian Ocean Ltd. and OmniScriptum S.R.L publishing group

MORALE STERILE

Partie I

90

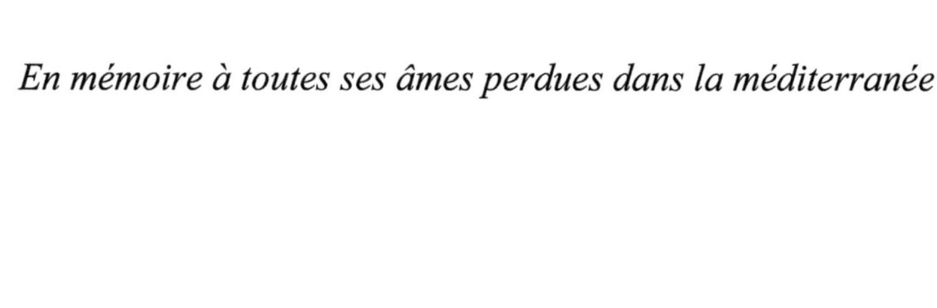

En mémoire à toutes ses âmes perdues dans la méditerranée

SOMMAIRE

INTRODUCTION

CHAPITRE I : un destin de sang

1- La milice de kalanga
2- Un sacrifice légitime ?
3- L'assaut de Bakou
4- Le retour au village

Chapitre II : L'exil social

1- Prise de conscience
2- Un long périple
3- Le pari marocain
4- L'envelopper

Chapitre III : un reflet illusoire

1- La mort sociale
2- Le chemin de la raison, plus qu'une chimère
3- L'Asile

INTRODUCTION

24 octobre 1998, date à laquelle l'histoire et le destin de millions de congolais fut bouleversé à jamais. Des milliers de morts, des souffrances gravées dans les consciences et les chaires, ont changés à jamais le visage de ce beau pays d'Afrique trois fois plus grand que la France. Ces conflits meurtriers politico-économiques ont fait ravage dans plusieurs zones de la région. Le **Kivu**[1], l'une des grandes régions du Congo, connu pour ses myriades de ressources naturelles qui chaque jour est une malédiction, un nid de l'horreur. L'inhumanité sous toutes ses formes de laideur depuis maintenant plusieurs décennies plane au-dessus de ce poumon de l'Afrique. Aujourd'hui, c'est du haut de leur tour de confort que l'élite nationale et celle du monde détournent le regard du sombre décor renvoyant à la figure l'image d'une société en putréfaction. Dans un monde où les murs de l'exclusion et du déni de la réalité guident l'action de notre société globalisée, la double mission de l'écrivain est d'être dans la paressia la plus absolue et dans l'appréciation la plus réelle de la société. Et Au-delà de l'écrivain cela devrait être la posture de chaque Homme. Cependant dans ce monde du

---

[1] *Le* **Nord-Kivu** *est une province de l'Est de la* république démocratique du Congo. *La loi des armes prévaut dans cette province ravagée par la guerre en République démocratique du Congo. L'une des multiples milices locales, les Maï-Maï Kifuafui, y fait étalage de sa force. Depuis près de vingt ans, des combats quasi incessants pour le contrôle des terres, des richesses minières et du pouvoir terrorisent la population.*

progrès où le marché fait loi, la place du dire vrai devient de plus en plus réduite, voire même mythique.

L'omerta brutale autour de la violence sociale à chaque coin de la terre est devenue la norme. Une société où le portrait photo d'un enfant du Darfour lacéré par la famine est vendu à des millions de dollars et que la souffrance capturée par l'appareil est mise sous silence. Voilà sans filtre le monde de la commercialisation des souffrances, du déni de l'horreur, des directs sur des dépouilles mortuaires à la recherche des likes. L'on arrive même à se demander quel serait la réaction de ces grands penseurs notamment Foucault, Camus, Sartre s'ils avaient été témoin de cette nouvelle société où le mot humanité chaque jour perd de son sens sacré. Serait- il est vrai semblable que notre époque qui est la nôtre est l'une des plus évoluées en termes de progrès (Technologique, IA, Digitale), cependant telle une révolution à double vitesse la décadence morale est une réalité brutale qui demeure occultée de nos jours. N'étant pas le cœur de notre réflexion, ce sujet fondamental pourrait faire l'objet d'un autre récit. Aujourd'hui nous ne pouvons ignorer ce fait même si tout est fait pour détourner les regards de ce tableau repoussant. Ce qui se passe dans les mines du Nord Kivu en passant par les eaux de la méditerranées sont des témoins réels de cette décadence de notre humanité traduisant cruellement la laideur sociale.

Cette laideur comme les tenues d'une armée d'occupation est perceptible aux quatre coins du monde. Le Yémen, la Syrie,

Soweto...autant de région du monde qui attestent de ce nouveau paradigme dont le reflet renvoie le panorama d'une civilisation humaine inscrite durement dans une logique de terreur et d'injustice sociale.

Chapitre I : un destin de Sang

Comme si c'était hier, l'on se rappelle encore, les massacres de milliers de familles, les viols de femmes, d'enfants comme stratégie de terreur et d'asservissement. C'est dans ce Congo, précisément dans le nord Kivu post colonial que les frères Kabinda sont nées. Un destin imposé, une histoire singulière de trois jeunes congolais qui n'ont pas choisi de subir le poids écrasant de la misère. C'est dans un petit village coupé du progrès sans pour autant dire du monde que la fratrie des Kabinda au fil des années a traversé ce parcours du combattant où la mort, la peur, la précarité étaient le décor ambiant, de ce périple.

Issu d'une famille très pauvre, le père Joseph Kabinda fait partie de ce lot de tirailleurs africains qui ont sacrifié leur vie pour la Belgique espérant avoir une forme de reconnaissance sociale.

Dans ce village du Kivu profond où l'air pur de la nature cache une tout autre réalité douloureuse ; l'ancien mineur frappé par les affres de l'âge et de la misère contemple dans son hamac les larmes aux yeux le destin de ses fils. Le septuagénaire admire fatalement dans l'inaction et l'impuissance l'héritage amer qu'il a laissé à sa famille. Un vieux mineur voyant sa progéniture sur le chemin de l'enfer des mines... Le Désarroi et la peur font ses journées. Chaque jour pour lui est une crainte de plus.

Faisant partie du cercle des anciens du village, Joseph Kabinda, lui qui avait été ce mineur miraculeux ayant survécu aux tortures de la terre, ne rate plus les rituels habituels de ces congénères devenus les gardiens de la cité. Comme tous les matins, c'est dans une atmosphère de mélancolie que le vieux Kabinda débute ses journées. Le bruit des criquets, le vent sec et chaud, le sol humide et sans oublier le ballet des insectes, qui malgré le poids de la vie représentent quelque part un cadeau de la nature dont la vue admirative dilue la tristesse du vieillard. Contemplant inépuisablement les profondeurs du silence sur son hamac le regard attentif, l'âme apaisée, et dans un échange avec lui-même, Kabinda n'avait un début de sourire que lorsqu'il apercevait de loin la silhouette de l'un de ses trois fils sur le chemin du retour au village.

Pour lui, même s'il se sentait constamment oublié par le système et aussi par les ancêtres, ses enfants cependant étaient cet ilot de réconfort dans cette précarité omniprésente. Kinda, Félix et Nunago sont comme il a habitude de dire : l'ultime joyau de son existence. Dans ce rapport très solide entre père et fils, la réalité au demeurant amer témoigne une tout autre situation sur fond de souffrance.

En effet la misère du père et de la mère comme une malédiction a été l'argument implacable et expéditif des trois dans une vie de douleur et d'amertume. L'aîné Kinda s'est fait enrôler dans une milice d'enfant soldat. Les deux autres en occurrence Félix et Nuango ont atterrit dans les mines.

1 - La milice de kalanga

A 18 ans, Kinda, l'aine des kabinda va découvrir un destin pas comme les autres jeunes de son âge. Touché et anéanti par la précarité de sa famille, cet homme en devenir décide d'écouter cette petite voix qui résonne dans son cœur. Comme un grand saut forcé, il décide de prendre les choses en main et ce au prix de sacrifier sa jeunesse, sa morale et de surcroît son humanité. C'est dans un Congo détruit de l'intérieur par les groupuscules armés que Kinda scelle son destin avec une milice redoutable qui a laissé derrière elle beaucoup de veuves et d'orphelins.

19 octobre 2008, un soir de clair de lune, Kinda partit en voyage dans un village voisin pour vendre des marchandises

qu'il fait la rencontre de Lokassy, un homme âgé d'une trentaine d'année. Cette rencontre comme celle qui change la vie d'un homme, a été un déclic dans celle de Kinda. Comme chaque week-end ayant décidé de faire le commerce de certaines petites babioles afin de sortir ses parents de l'ornière de la pauvreté, kinda part dans le village de kabweke pour vendre ses marchandises. Sauf que ce jour-là il n'imaginait pas que son destin allait carrément changer et ce, de façon radicale. N'ayant pas eu la chance de poursuivre ses études par manque de moyens, le chemin de la débrouille s'est dessiné comme la seule alternative possible lui permettant de sauver sa famille. Cependant, cette activité reste insuffisante à ses yeux en termes de rentabilité. Et sans autre alternative, le jeune kynda ne sait pas qu'une meilleure opportunité mais aux conséquences douloureuses s'offrira à lui. Avec une carrure de boxeur, ce jeune homme avait reçu de la part des ancêtres un corps d'athlète. Dans la foule sur l'estrade du grand marché du village, il était facilement remarquable. Ce jour-là dans le décor où les visages, les couleurs et les cris font l'ambiance du marché, une voix rauque et imposante lancée d'un coin de la rue interpelle la foule. Comme si le temps s'était arrêté mais pas que, l'on sentait une atmosphère de peur et de respect circulée sur chaque visage. C'était la voix du grand Lokassy, un des seigneurs de guerre du Nord Kivu. Son nom le précédait comme également sa cruauté.

Il s'exclamât **Mwana**[2] Mwana, Mwana !

Ce jour-là tout le monde pouvait être ce Mwana, mais Lokassy savait à qui il s'adressait. Mais de peur de subir le courroux du général, personne ne pouvait s'inviter dans ce début d'échange. Comme tous les vendeurs, le jeune Kinda était perdu mais aussi touché par cette atmosphère glaciale. Et voilà que Lokassy du regard direct avec ses yeux froid et sec lui fait savoir qu'il s'agit de lui.

Avance leki ! Viens voir le général.

Sans se douter de quelque chose, le jeune KABINDA, ne savait pas qu'il allait ce jour passer un entretien d'enfant soldat. Comme si tout était tracé, lokassy , ce fin stratège a fait de Kinda un énième enfant soldat qui gonflait le nombre de sa troupe destructrice.

Telle une proie facile, ce dernier a été enrôlé sur la promesse d'une vie nouvelle, pleine de diamant et d'Or. Pour un enfant pauvre, oublié du système, qui a vu son père mineur et ses frères devenir eux aussi mineurs, cette voie était le ticket vers le paradis de la réussite et de la réparation sociale. Telle une expérience providentielle, sur le chemin de son retour au village, Kinda s'est plongé dans une réflexion profonde et

[2] Mwana signifie enfant en lingala, langue locale parlée par les peuples Congolais

inhabituelle. Lui qui subissait le poids de la vie a aujourd'hui l'occasion de prendre une décision qui pourrait changer son destin et celui de sa famille. Depuis son enfance, il a été élevé dans la détestation des groupuscules armées qui ont fait de la région leur chasse gardée. Comment lui, fils de mineur, d'un parent noble qui avait fait le choix du travail honnête bien que difficile pour subvenir aux besoins de l'existence, se retrouverait aujourd'hui dans le camp des oppresseurs ? Devant ce trilemme : Travail, morale, et contrainte existentielle, le jeune homme était en ébullition. Entre la réalité brutale de la précarité et la morale stérile, du moins sans résultante réelle sur sa situation, l'âme de Kinda était brisée.

Arrivé à la maison, comme à chaque retour du grand marché, son père du haut de la soixantaine, l'attendait le sourire au visage sur son hamac. Ce jour-là, rien ne s'est passé comme d'habitude.

Tout timide et pensif, kinda venait pour la première fois de saluer à peine son paternelle, lui qui l'appelait affectueusement Tchongue (nom de son grand père). Enfermé dans sa case, il ne pouvait conter à personne ce qui s'était passé. Les jours passaient et de l'autre côté de la rive, Lokassy attendait la décision du garçon.

S'isolant de la société et du regard de sa famille, c'est dans les mines qu'il alla chercher les réponses aux interrogations qui sondaient son âme.

Apercevant de loin ses cadets Félix et Nuongo qui, parmi ces mineurs en chant perçant les uns après les autres la terre à la recherche du diamant, Kinda a ressenti à un plus haut degré ce sentiment de vulnérabilité, d'impuissance, de honte, de misère…

Rappelons que ce dernier avait l'habitude d'aller sillonner les mines. C'était sa façon à lui de veiller sur ses frères. Cette prise de conscience du misérabilisme qui conditionnait leur vie était devenu pour lui insupportable, voire inacceptable.

Voyant Felix et Nuoungo ces enfants de 15 et 16 ans arrachés à leur innocence et confrontés au risque extrême de la mine jour après jour, cela fut l'argument décisif. Au retour à la maison avec ses frères, Kinda réunit donc la famille et annonça qu'il avait eu du travail en ville. Le jeune venait à cet instant de signer un pacte avec le diable, sacrifiant son honneur sur l'autel de la lutte pour la survie sociale.

Sans se douter du traquenard dans lequel leur enfant s'était enroulé, la famille a vu dans cette nouvelle, une forme de répit, en un mot, un espoir, chose qu'ils n'avaient malheureusement pas l'habitude d'expérimenter.

Le Mo Boundi du vieux Kabinda allait ainsi partir vers la ville. Bien que douloureuse, le vieillard qui était au soir de sa vie s'est résigné à laisser son fiston préféré prendre son envol et tracer son destin.

2- Un sacrifice légitime

07 h du matin, le soleil lumineux et ses rayons transperçant de clarté inonde le village. Prêt à prendre le départ, le visage affichant un sourire noir, kinda l'ainé de la fratrie porte un lourd fardeau sur la conscience. Comme un exil forcé, le jeune s'apprête à rejoindre la milice du seigneur de guerre Lokassy.

Le père et la mère imposant les mains sur leur enfant pour lui donner leur bénédiction, ignorent que ce dernier s'apprêtait à aller faire l'inimaginable, voire s'allier avec l'ennemi de la région.

Le regard lourd, le jeune répond à peine aux prières de sa famille, il est même pressé de s'en aller de peur de changer d'avis ou craquer sous la pression des émotions.

Arrivé dans le Car, direction la ville, le jeune Kinda tout au long du trajet se préparait pour cette grande aventure assez particulière. Arrivé à la gare, un des éléments du général attendait le jeune homme. Sa mission était d'emmener kinda dans la base sécrète de la milice de kalanga. Le visage bandé, c'est dans un pick-up militaire noir, que kinda fait le 2e voyage mais cette fois-ci sans repère réel puisqu'il ignorait tout de son environnement à part le fait de savoir qu'il se trouvait dans un véhicule. La virée dura deux bonnes heures. Arrivé dans le camp secret aux environs de 7h du soir, le Mwana comme l'appelait les hommes de Lokassy fut installés dans une petite chambre lugubre. Cette pièce appelé gakaka était le lieu de l'initiation de nouvelles recrues.

Seul face à son destin et au silence de la nature, Kinda regrettait déjà sa décision sauf qu'il avait déjà mis les pieds dans le plat.

Toute la nuit, kinda malgré la fatigue du long voyage n'a pas fermé les yeux. Il se demandait à quoi ressemblait réellement dans la réalité la vie d'un enfant soldat. Et ce qui l'effrayait davantage c'est le fait que les réponses à ses interrogations ne tarderaient pas à venir.

Allongé sur un petit matelas à même le sol, Kinda est loin de se douter de ce qui l'attend au lever du soleil. Au petit matin, le jeune homme fut saisi par une voix violente qui lui ordonna de se présenter au QG de Lokassy. C'est avec des pas lourds, et un air terrifié que Kinda se dirigea chez son nouveau maitre sans avoir le temps de faire sa petite toilette. Une fois en face du Général, il ne savait quoi dire, quoi penser. La peur était un sentiment que Lokassy lui-même avait expérimenté à ses débuts. Le General voyait en Kinda une partie de sa vie ; lui qui avait été enfant soldat durant son adolescence savait ce jour-là ce que Kinda était en train de vivre en sa présence. Ce sentiment de peur pour sa vie, entremêlé à une vague de sentiment d'inconnu en présence de personnes qui puaient la mort, était une scène de déjà vue pour le chef de la milice de Kalanga.

Surpris, il découvre ce jour-là un autre Lokassy. Un homme sage à la voix apaisante et rassurante qui se rapproche de lui avec style et élégance. Dans un dialogue d'initiation et de découverte, le jeune Kinda est transporté dans l'univers de Lokassy. Ce dernier avait réussi tout au long de ces années passées dans le crime à rationnaliser ces horreurs. Comme un idéologue, ce hors la loi a réussi à donner un sens à cette vie de terreur. Et il savait avec l'expérience que l'appât du gain seul ne suffirait pas à mobiliser et maintenir les masses dans sa cause destructrice. Il fallait faire graviter sa milice autour d'une cause et Lokassy ce jour-là avait créé toutes les conditions pour que Kinda épouse la vision des Kalanga. Dans une rhétorique de près de deux heures de temps, le Général a montré la voie à la nouvelle recrue. Cette voie était celle de l'existence, de la lutte pour la survie. La doctrine des kalanga était la survie. Cette milice organisée selon elle, ne prenait que ce qui leur appartenait, quitte à laisser derrière eux sans remord des cadavres. Et n'ayant connu que la misère, la misère et surtout le manque cuisant d'éducation, ce discours ne pouvait que siéger librement dans la psyché collective des soldats. Après cette étape de lavage de cerveau, le jeune homme subit un entrainement rigoureux de maniement des armes et de techniques de combat. Ce périple de formation dura 3 bons mois. Par ailleurs, fonctionnant comme une secte, la milice de Kalanga avait institué au terme de chaque formation un rituel de sacralisation où le sujet au travers d'un acte précis devait renaitre de nouveau et gagner sa place dans la bande armée. Kinda ignorait ce qui l'attendait le jour du grand passage.

Rappelons qu'à chaque raid de pillage dans les villages, la milice capturait des jeunes filles pour les faire prisonnières. Ces dernières étaient pour ces assassins, la main d'œuvre de ménages et surtout servaient d'objet sexuel lors des rituels de consécration.

Et cela a été une surprise amère pour le jeune Kinda en phase de gagner sa place au sein du groupe. Un soir, le jeune a été convoyé dans une zone infréquentée du QG ; en présence de Lokassy, il fut mis en face d'une détenue. Sans se douter de ce qui allait se passer Kinda en bon exécutant attendait modestement les ordres du général.

Avec un visage rempli de haine et de dédain, Lokassy ce jour-là lui montra une autre facette de lui. Lui qui avait été séduit par le théoricien, l'idéologue, le sage…allait vite apercevoir la bête qui se cachait derrière les mots en couleurs.

Lokassy : mwana mwana, elle est à toi

kinda : A moi … !

Lokassy : oui Mwana prend ce qui est à toi

Même s'il ne connaissait pas son nom, Kinda n'oubliera jamais le visage de cette femme. Dans le reflet de ses yeux, l'on pouvait percevoir les blessures de son âme. Conditionné à ne pas dire non, l'enfant soldat venait de commettre son premier crime et prouver aux autres qu'il était digne de combattre aux côtés de ses camarades. Admirer ces instants d'initiation était pour Lokassy, au-delà du rituel, une façon de consolider son autorité, son pourvoir sur ces hommes.

Transformé et en même temps ravagé de l'intérieur, kinda était lui aussi une victime. Coincé dans le labyrinthe de ses choix, le jeune homme ne savait plus comment en sortir. Estimant qu'il était prêt, Lokassy assigna kinda dans le groupe qui effectuait les missions terrains.

Attaque de villages, viols, kidnappings, meurtres, assauts dans les mines de diamants...en presque 6 mois le jeune homme est devenu un véritable assassin. Payer au partage du butin, kinda ne percevait que 200 dollars par mois. Avec cette somme, kinda pouvait supporter les charges de la famille qu'il avait laissée derrière lui. Celle pour qui il avait fait tous ces sacrifices. Les jours passaient, mais le jeune homme ne pouvait pour autant faire comme si tout allait bien dans sa vie. Lui qui voulait échapper aux affres de la vie se trouvait confronté à une autre apparence de laideur qui cette fois-ci l'empêchait de dormir la nuit. Cette vie d'enfant soldat, aux ordres d'un criminel notoire devenait jour après jour un fardeau difficile à porter. Même si dans son entourage, ce goût pour le sang et l'argent passait crème, le jeune du kivu semblait ne pas être à sa place. Fuyant les horreurs de la mine, il était loin de se douter qu'il serait en face d'une horreur plus atroce.

Pris au piège, Kinda ne savait pas comment briser l'alliance qui le liait à la milice des kalanga. Devenu le bras armé de Lokassy, il ne pouvait à aucun moment se départir de sa nouvelle vie encore moins de l'emprise permanente du seigneur de guerre charismatique.

3- L'assaut de Bakou

Connu pour sa richesse en Or et diamant, la mine de Bakou était un trésor à ciel ouvert. Entreprises privées, villageois...cette mine était un véritable carrefour humain. La milice de kalanga, elle aussi avait entendu parler de cette région riche en ressource naturelle.

Bien organisée, la milice avait des soldats chargés de faire une forme de veille informationnelle afin de dresser une cartographie des endroits qui devaient figurer sur la liste des prochains raids.

Pilotée personnellement par le Général, cette opération a été minutieusement préparée par l'ensemble de la milice. Tel un gros poisson, le butin de **Bakou** faisait rêver Lokassy. Cette longue période de préparation, a durée 6 semaines. Entre l'entrainement militaire, les missions de repérages, le groupe de Lokassy était à quelques jours de la vie de millionnaire tant rêvée. Le jeune kinda quant à lui comme un lego qui n'avait pas encore trouvé sa place était dans une forme de crainte permanente. La veille de l'attaque, comme une espèce de préparation ritualiste, Lokassy et sa troupe d'une Soixantaine de soldat s'adonnèrent à une scène sadomasochiste qui fut pour Kinda un autre cauchemar réel.

Avec sa réserve d'esclaves sexuelles, lokassy et ses hommes organisèrent une grande orgie. Repoussant toujours les limites de la décadence et de l'immoralité, c'était sa façon à lui de préparer sa troupe à l'horreur qui allait suivre. C'est dans une atmosphère de luxure et surtout de violence vulgaire que le garçon avait décidé de mettre fin à cette aventure. C'était de trop, lui qui était prêt à tous les sacrifices pour sortir ses parents de la misère avait bien des limites mêmes s'il avait d'une certaine façon corrompu son âme.

L'odeur de la drogue forte, les larmes de souffrances et plaisir, la dynamique bestiale du moment et le choc des corps en sueur caricaturaient à merveille cette laideur qui le terrifiait chaque jour. C'est donc le cœur enflé et l'âme timorée que le jeune homme s'était promis que l'assaut de Bakou allait être la boucle finale qui allait fermer cet épisode douloureux.

05 heures tapante, en droite ligne les hommes de kalanga comme une colonne de fourmis se suivaient. Une trentaine de pick-up blindés se dirigeait vers la mine de Bakou. Protégé par les forces régulières, lokassy savait que la réussite de son opération dépendait de sa capacité à créer la terreur et la violence extrême de sorte à faire peur à l'adversaire qui était notamment mieux équipé.

Je n'avais jamais vu de mes yeux autant de sang et de morts. J'avais été confronté à l'horreur durant mon parcours aux côtés de la milice mais cette fois-là c'était d'une tout autre intensité.

L'odeur de la chaire cramée, le sang, la peur, la mort, la cupidité ; j'avais en face de moi pour la première fois le vrai visage de la milice indépendamment des gros discours de survie et d'idéologie. J'étais doublement coupable : coupable de mes choix et coupable des actions qui ont découlés de ces choix.

Une fois de retour au QG, l'endroit secret où Lokassy et sa bande se retirait de la société après avoir massacré un des villages de la région, l'heure était au partage du butin de guerre. C'est dans ce climat de transaction où chacun récupérait sa part comme si le sang avait un prix et que tous avaient payé ce lourd tribu que Kinda reçu un appel en provenance du village.

4- Le retour au village

La mine, ce fameux voyage pour la survie social était devenu le quotidien des deux fils du vieux kabinda. Felix et Nuango en travaillant dans la mine, aidaient leurs parents avec en plus ce que Kinda envoyait chaque mois à joindre les deux bouts.

Au village, bon nombre d'enfant sont pris au piège, arraché à leurs adolescences, la descente dans les mines à la recherche de ressources naturelles est un enfer à ciel ouvert dans cette région du Congo. Pour les frères kabinda, chaque jour est un combat contre cette laideur sociale apparente dans les profondeurs de la terre.

Chaque matin, les deux garçons la peur sur le visage empruntent la route de tous les risques pour se rendre dans cette grande vallée qui est le poumon économique de la guerre du Congo.

Enfant sorcier, sheguey et les enfants du village se retrouvent chaque jour dans cette grotte du diable où le dieu diamant fait la loi.

C'est loin des regards du monde et sous la cupidité bienveillante de leurs parents que ces enfants sont pris au piège dans les chaines de la machine capitaliste. Force est de constater que dans notre société du progrès et de la lutte acharnée dans la mobilisation des ressources, des ilots de précarité sociale sont de plus en plus légion. Et dans la mine de Bakwanga, la misère sociale est l'argument qui condamne les enfants à risquer leur vie loin du regard des barons du diamant d'envers.

Comme chaque matin, les deux frères après avoir pris la bénédiction de leur vieux père, se dirigeaient vers la mine pour faire les douze heures de travail pénible. Organisés en petits groupes, les ouvriers de la mort ou encore appelés enfants du diable étaient prêts à prendre tous les risques pour plonger en premier dans les profondeurs de la terre. Grace à leur petite taille, ces enfants pouvaient espérer avoir la même paye que ceux des adultes. Allant de 60 à plus d'une centaine de mètres de profondeur, ces trous sont de véritables labyrinthes où l'art de la maitrise de la respiration et surtout de la peur est primordial pour la survie. Et même si la ruée vers l'argent est un stimulus qui neutralise les craintes et galvanise le corps en repoussant les limites du possible, l'ombre inéluctable de la mort plane au-dessus des mines.

Ce jour-là tout se passait comme d'habitude, une simple journée de travail dans l'ambiance des chants et des bruits de pioches. Joseph kabinda était loin de se douter que c'était la dernière fois qu'il verrait le sourire de son fils nuango âgée de 15 ans. Les deux garçons qui avaient l'habitude de prendre les devants en perçant la terre avec courage ne savaient pas qu'ils allaient en subir les conséquences. Même si la mine de Bakwanga avait été une sorte d'alternative de survie pour ces oubliés du système, chaque mineur savait cependant que la mort n'était jamais loin. Telle une ombre silencieuse, cette dernière est omniprésente dans le quotidien des travailleurs de la mine qui compose chaque jour avec l'idée selon laquelle ils peuvent à tout moment être emportés. A la différence de son aine Kinda, le jeune Nuango était petit de taille. Et cela était plus qu'un atout dans la mine de bakwanga. Loin de se douter du pire, Felix ne savait pas que le 07 Aout 2009 serait un jour qu'il n'oublierait jamais. Une journée comme les autres, les mineurs comme des fourmis ouvrières exerçaient leurs tâches sous le chaud soleil de leur kivu natal. C'est dans cette ambiance ouvrière qu'une grosse secousse inhabituelle interrompra subitement les chants des mineurs. Un silence de mort s'était installé et la peur et le désarroi se lisaient sur les visages. Pour ceux dont le rôle était de tamiser les lots de sables, ils pouvaient savoir du moins ce qui venait de se passer. Les cris et la peur avaient saisi toute la mine. Les enfants et les adultes scandaient à hautes voix les noms de leurs amis et parents. Felix comme tous les autres enfants ne comprenaient pas la situation. C'est dans ce climat de chaos que le superviseur de la mine où son frère travaillait s'approcha de lui et lui annonça la terrible nouvelle. Son frère Nuango venait d'être englouti par un glissement de sable. Comme un coup de massue, cette nouvelle avait ce jour l'a tué également Felix. Le cœur en éclat, le corps en vibration et l'âme atomisée, Felix ne pouvait bouger le corps. Lui qui jouait le rôle de grand frère venait impuissamment d'assister à la perte brutale de son petit frère. Comme un cauchemar en pleine réalité, le jeune ne savait pas comment ouvrir les yeux et convaincre son esprit de l'idée selon laquelle il ne reverrait plus son frère adoré.

Ils venaient d'être témoin de cette laideur sociale qui venait de faire une victime de plus. Comme des morts en sursis, ces pauvres des pauvres avaient compris ce jour-là, en tout cas pour certains, que la sombre finalité était une mort atroce dans le mépris et l'indifférence.

Comme un feu de brousse, la nouvelle avait déjà pris le village. Le vieux kabinda, cette grande figure paternelle et charismatique venait à son tour de payer le lourd tribut de la mine. Du haut de ses 60 ans, Joseph comme un petit enfant pleurait à chaudes larmes la perte de son benjamin. Ce jour-là c'était tout le village qui venait d'être attristé. On pouvait voir cette laideur sociale sur le visage de chaque villageois, au sein des assises de jeunes en cercle autour du feu, et même dans le regard des animaux domestiques qui eux aussi sentaient ce voile de mélancolie qui planait au-dessus du village.

Etant à plus de 300KM du village, Kinda n'allait pas tarder à apprendre la nouvelle. Selon la tradition **bantous**[3], les morts ne s'enterrent pas sans la présence de l'ainé de la famille. Considéré comme le grand frère de la fratrie, son rôle dans l'organisation des cérémonies funéraires et surtout sa présence en tant que soutien moral à la famille s'avérait sacrée.

C'est au lendemain de l'attaque de bakou, l'horreur encore fraiche dans sa mémoire que kinda attendit la voix sèche au bout du fil lui annonçant la disparition de son petit frère. Le jeune homme qui avait accepté de violer, de tuer et de piller venait de voir dans cette disparition une forme de punition du destin.

[3] On nomme « Bantous » (« bantu » signifie « humains » en kikongo) les locuteurs des langues bantoues (environ quatre cent cinquante langues) sur le continent africain. Ils sont répartis du Cameroun aux Comores et du Soudan à l'Afrique du Sud. Le terme de « Bantu » est proposé par l'allemand Bleek à la fin du XIXe siècle.
Les groupes bantous ont des structures sociales et politiques différentes, leur seule caractéristique commune est linguistique avec l'utilisation d'un système de classes et non de sexes. Selon Joseph Greenberg, les premiers locuteurs de ces langues auraient entrepris une expansion vers le sud et l'est du continent il y a 4 000 ans, à partir des hauts plateaux du Cameroun (Grassland). En agglomérant d'autres groupes linguistiques, ils ont parfois absorbé certains de leurs phonèmes, comme le clic caractéristique des langues khoïsan.

Chapitre II : L'exil social

1- Prise de conscience

Quelque mois venait de s'écouler après la mort tragique du petit Nuanguo et même si la vie semblait avoir repris dans la mine de bakwanga, elle s'était par contre arrêtée dans la famille kabinda. Joseph le père était resté toujours fidèle à ses habitudes de retraite, sauf qu'elles s'étaient transformées en activité d'Hermite. Comme si une partie de lui était morte ce jour-là, joseph n'a plus sorti un seul mot de sa bouche. Son regard absent disait rien et tout à la fois. Assis chaque matin dans son hamac, il se plongeait dans une mélancolie silencieuse durant des heures. Comme un voyageur attendant son tour, le vieil homme sans rien dire, exprimait la volonté manifeste d'abandonner l'existence. Comme un damné de la terre, le vieux kabinda se résigne à disparaître sous le poids de cette misère sociale qui venait de lui prendre un des ilots de répit dans cette vie sans saveur. Contemplant avec impuissance, les gémissements silencieux de leur vieux père, les frères kabinda à leur tour noyait leur tristesse dans leur errance aux quatre coins du village. Guidés par la nostalgie, les deux frères voulaient reconstruire tous les souvenirs de leur enfance au village. Même s'ils étaient incapables de remmener à la vie leur benjamin, par la magie de la mémoire vivante, ils pouvaient se rappeler les bons moments de leur enfance. Au bout d'un certain temps, ce qui était pour eux une forme de thérapie, était devenu un souvenir trop lourd à porter. En voyant leur famille brisée notamment l'image constante d'un père au bord du suicide, la misère qui devenait de jour en jour invivable et le souvenir de leur frère qui les suivaient constamment, la porte du départ devenait l'alternative incontournable.

Au-delà de la douleur du deuil, kinda avec son parcours atypique dont lui seul connaissait la vérité en dehors des apparences, s'apercevait davantage de la réalité au travers de la laideur sociale qui le suivait partout. Il finit par comprendre que ce n'était pas seulement une question de destin mais plutôt une affaire de système. Il y a avait comme une sorte de main noire qui alimentait cette misère sociale. Ni lui, ni personne n'arrivait à y échapper. Ils étaient comme pris au piège dans cette prison, condamnés à survivre jour après jour. Pour Kinda, lui qui avait été enfant soldat et qui avait fait autant de sacrifice, la résignation ne faisait pas parti de son langage. Il était convaincu qu'une autre vie était possible au-delà des murs de la précarité.

Il était convaincu qu'en dehors des lignes du Congo, la vie sociale était probablement meilleure. Il faut d'ailleurs rappeler que dans l'histoire, le matérialisme social a toujours guidé les mouvements d'humains à la recherche d'une vie meilleure, en d'autres termes d'une terre offrant plus d'opportunités. Et pour Kabinda, ce sentiment de changement, de migration à la recherche du bonheur social, était devenu l'urgence de survie.

Une porte de sortie idéale de ce cauchemar sans fin où la précarité et l'étiquette indélébile de sans classe devenait un lourd fardeau. Même si pour lui, l'idée de s'envoler hors du Congo était déjà tracée, il fallait cependant convaincre son dernier petit frère Felix.

Pour celui qui avait endossé le rôle de grand frère après le départ de kinda, il avait du mal à se remettre de la mort de Nuango. Les jours sont passés, le village a même retrouvé son rythme d'antan. Cependant, le jeune Felix lui, comme coincé dans le passé n'arrive pas à faire son deuil. Comme s'il cherchait à réparer quelque chose qui était cassée en lui ce jour-là, ce dernier a fait de la mine un refuge. Une forme de thérapie à ciel ouvert où lui et ses émotions arrivaient à trouver une forme de paix. C'est donc dans ce méli-mélo émotionnel que Kinda proposa donc à son frère Felix de se joindre à lui pour l'aventure. Même s'il ne connaissait que la rude épreuve de la vie au travers des horreurs de la mine, ce flou du monde en dehors du village ne l'empêchait pas pour autant de dire oui à son frère. Cette proposition pour lui, était une lucarne libératrice dans cet ilot où le désespoir et la puanteur de la mort écrasait l'atmosphère ambiante.

2. Un long périple

Décidés à changer le cours de leur existence, les deux frères Kabinda, ont vu dans l'immigration clandestine comme la seule alternative pour un jour construire une vie meilleure, loin de cette misère sociale qu'ils avaient héritée et qui avait brisé leur famille. Emporté par le vent en direction de l'Afrique du Nord, devenue aujourd'hui le carrefour névralgique des migrants qui veulent coûte que coûte atterrir en Europe, les frères kabinda, ont choisi l'Algérie comme pays de transit. Ayant pu économiser une petite cagnotte lors de son périple d'enfant soldat, Kinda avait de quoi payer le transport pour sortir de leur Congo natal. Rempli d'espérance et de dynamisme, les frères dans leur projet de survie étaient loin de se douter des surprises qui les attendaient sur leur parcours. C'était un nouveau monde qu'ils allaient maintenant côtoyer. En passant par le Niger, c'est dans une petite ville du nord de l'Algérie qu'ils entament leur aventure. C'est un pays hostile à la couleur noire qu'ils découvrent sans filtre au travers de leurs différentes expériences sociales.

En plus d'avoir subi les misères dues à leur condition de précarité, ce qui a d'ailleurs suscité leur départ, ils venaient là de connaître une autre tare de ce monde : le racisme. De petit boulot en petit boulot, les deux frères ont commencé une toute nouvelle vie loin des réalités de la mine. Quand ils n'étaient pas aide-maçon, c'est sur les grandes voies routières qu'ils pouvaient espérer avoir leur pain du jour. Entre 6h du matin à 12h, les **« tapeurs de salam[4] »** comme on les surnommait, sillonnaient les grandes voies de la ville. Même s'ils pouvaient compter sur certaines bonnes volontés, ils faisaient face cependant à la dureté de l'immigration. Entre les injures racistes, les regards dérangeants et les actes de violences physiques, les frères kabinda étaient dans un véritable enfer à ciel ouvert. Et quand le soir arrivait, les jeunes étaient obligés de dormir dans une ancienne gare, devenue un dépotoir de ferrailles. Au clair de lune, sous des tentes faites à partir de déchets, ils se forçaient à trouver le sommeil. Comme si on pouvait dormir dans de telles conditions, où en hiver par exemple le froid était un ennemi redoutable. N'en parlons pas de l'été, cette saison d'extrême chaleur plongeait l'Algérie tout entière dans un inconfort total. Dans les « bunkers », les odeurs se dégageant des points de défécations polluaient l'air ambiant. Installé dans leur propre merde, ces migrants n'avaient d'autres choix que de subir les affres de l'insalubrité émanant de leur environnement. Félix et kinda, ces deux survivants ne pouvaient que s'efforcer d'endurer. Vivant en communauté, la vie dans les bunkers dans ces champs de ruine était très bien organisée. Même s'ils étaient les plus démuni,

[4] « Tapeurs de salam » désigne les mendiants dans le langage commun des migrants en Afrique du Nord

ces migrants arrivaient d'emblée à créer un véritable lien social. Chacun était là pour l'autre. Ils arrivaient à partager le peu que la société leur donnait. Dans ce misérabilisme, les uns et les autres étaient liés au-delà des nationalités par une sorte de fraternité sacrée. Comme des frères d'armes, les anciens du camp avaient réussi à faire naitre cet idéal, qui se transmettait vague par vague. Les Kabinda, avaient donc à leur arrivée trouvé une seconde famille. Dans cette grande caravane en direction de l'Europe, certains assuraient la manche, d'autres s'occupaient de la nourriture, et le troisième groupe assuraient la sécurité. Pour éviter d'être séparé, les deux frères étaient dans le premier groupe. Dans cette course pour la survie quotidienne, ils essayaient de planifier leur aventure sur l'Europe. Avec en moyenne deux dinars par manche, il devenait difficile pour les deux jeunes d'espérer un jour payer une traversée. Le décor lugubre qui chaque jour leur rappelait leur misère était un argument pertinent pour les arracher de la paresse ou de leur éviter de s'oublier. Dans cette situation d'extrême pauvreté, chaque migrant avait développé une forme d'état de conscience et une morale d'acier afin d'espérer un jour réaliser le rêve du Boza.

Et pour Kinda et Felix, la seule façon de boza était de rejoindre le pays voisin de l'Algérie, à savoir le Maroc. Deux années étaient passées sans qu'ils ne puissent épargner suffisamment pour se payer un voyage. Entre les cotisations de bouffe, et les besoins du quotidien, les piécettes qu'ils recevaient de la main de certaines bonnes âmes algériennes ne pouvaient réaliser leur projet de voyage. Et devant la monotonie et surtout le poids très pesant de la société en elle-même sur la vie du migrant en Algérie, un autre départ se dessinait davantage.

Déception ou expérience ? Ce périple désespérant, fut comme une sorte de laboratoire de formation pour ces jeunes. Ignorant le monde, au travers de ce premier voyage, ils avaient expérimenté une autre forme de misère sociale. Celle–ci était à la fois douloureuse mais en même temps bonificatrice pour ces derniers qui avaient décidé de choisir le chemin de l'aventure. Comme une école, Kinda, l'ainé, lui qui avait été enfant soldat, savait que ce parcours vers l'inconnu était d'abord formateur. De leur Congo natal à Alger, ils étaient quelque part déjà préparés aux évènements de la vie de dimé.

L'enfant soldat, et le jeune mineur allaient prendre cette fois-ci encore une autre voie qui allait à jamais changer leur destin. Connu pour son aura dans le Maghreb, le Maroc était un pays qui avait bonne presse auprès des colonnes de migrants qui en constant mouvement cherchaient la lucarne qui allait les mener en Europe sans risquer davantage leur vie. Pour les frères Kabinda, le Maroc était pour eux un nouveau point de départ. Ayant traversé l'humiliation et la souffrance sous toutes ses formes dans le pays voisin, ce nouveau trajet devait leur permettre d'atteindre leur but.

3. Le pari marocain

Après deux années de disette passée en Algérie, Kinda et felix s'apprêtaient à prendre la route pour atterrir au pays des lions de l'Atlas. Ce pays pour eux, au-delà de la nouvelle aventure, était l'ultime voyage. Ils étaient vraiment décidés à prendre leur destin en main et à réaliser leurs rêves de rejoindre les côtes européennes. Devant ce trop-plein d'optimisme, une réalité douloureuse était bien évidente. Comme un virus, le Boza comme ils le qualifiaient dans leur jargon, agit chez eux comme une drogue qui tue dans leur esprit toute forme de dissuasion et de peur. Tels des suicidaires, ces migrants, déchainés comme des vagues, sont prêts à tout pour triompher de leur misère au risque de renier leur humanité. Être migrant, c'est décidé de parier sur sa vie, c'est accepté de se soustraire du corps social et ce dans l'objectif de retrouver une place de choix dans ce même corps social. Voilà ce à quoi sont exposés les oubliés du système. Par le sacrifice de la vie, ils sont contraints de racheter leur place.

Pour ces orphelins du système, le chemin de l'immigration est une façon de triompher de l'impuissance sociale. Cette position de faible et de misérable devenait un fardeau qu'ils devaient à tout prix s'en défaire. Autant d'arguments qui justifiaient leur départ. Passant par la Mauritanie, c'est en moins d'une semaine presque de trajet que les deux frères rejoignirent le Maroc. Connu dans le Maghreb comme le pays arabe le plus accueillant, la destination Maroc bien qu'étant un autre saut vers l'inconnu, à la différence de l'épisode algérien était un pays plus proche des côtes européennes. Arrivés à Nador, point de rencontre des différents flux migratoires, les deux frères sont sur le point d'entamer une nouvelle aventure.

Dépaysés, dans cette nouvelle aventure où la couleur de peau des autochtones est la même, cependant, dans cette nouvelle aventure pleine d'inconnus, une seule chose rassurait les deux jeunes : C'était l'atmosphère de sérénité et surtout ce regard sans jugement de ces marocains, qui à la limite ignoraient ces nouveaux venus. Pour ceux qui avaient connu la persécution sociale (racisme, injure, regards malveillant), ce regard détourné ou encore cette posture de bienveillance, (car quoique ces gens savaient à quel point l'expression pouvait impacter et ce de façon dévastatrice l'autre) signifiait beaucoup. Dans cette situation de misère, leur dignité d'homme était la seule chose qui leur restait. Et au premier abord, c'est ce qu'ils ont découvert dans cette nouvelle contrée.

La brise, les jolis sables de mer, l'architecture occidentale, la belle ville de Nador était pour ses migrants un début d'Europe. Kinda et Félix étaient tombés sous le charme de cette citadelle. Sur ces grandes ruelles et sans oublier les fresques historiques, on peut sentir la vie et le dynamisme de cette grande ville adulée par les touristes. De tout horizon, ces amoureux d'une autre forme d'aventure, notamment celui de la découverte font partie intégrante du paysage de Nador.

Par contre, depuis maintenant une bonne décennie, le territoire accueille une tout autre forme de migration. Pour beaucoup, ce sont des migrants clandestins. Venue soit par la voie terrestre ou par avion, cette nouvelle populace a su s'incruster. A tous les coins de rue, il est difficilement impossible de ne pas les apercevoir. Les deux frères Kabinda venaient ainsi gonfler le rang de ces nouveaux citadins qui ne passaient pas inaperçu. Quelque part désorientés, ils devaient trouver le moyen de rejoindre le camp où les différents migrants de nationalités diverses avaient trouvé refuge. Marchand avec des pas hésitants et sans oublier leur allure marquée par une forme de précarité qui se reflétait dans leurs vêtements, les deux aventuriers scrutaient avec attention tous les visages de subsahariens essayant de trouver une certaine familiarité. C'est dans cette crainte qu'ils avançaient jusqu'à identifier après une bonne heure de marche, un petit groupe de migrants au coin d'une ruelle.

Cette solidarité légendaire entre migrants s'exerça une fois de plus. Ce groupe de jeunes maliens orienta les frères kabinda vers le nouveau camp. Arrivé à destination, ils furent surpris par le décor. Cette fois-ci c'était une forêt qui servait de lieu de siège des différentes communautés de migrants. Repartis en groupuscules selon la nationalité, ils rejoignirent leur frère du Congo. Même s'ils avaient changé de pays, les rituels étaient toujours les mêmes. Pour vivre, il fallait en partie taper le

Salam et faire des petits boulots. Entre les nombreux vas et viens sur les voies routières et les petites tâches de laveur de véhicules ou encore aide-maçon, ces migrants avaient un quotidien très rude. Dans cette difficulté de vie, les kinda avaient eu une petite faveur du destin. Mr Ali, cet homme de 40 ans aux yeux bleus, a été cette lumière qui a illuminé la vie de Félix et Kinda tout au long de cette aventure tumultueuse.

Ayant l'habitude de vendre ses légumes en bordure de route au centre-ville, c'était lors d'une de leurs sorties de manche que les frères kabinda ont fait cette rencontre qui quelque part va changer leur séjour.

Tradition marocaine, la dégustation du couscous après chaque prière de vendredi la ville pendant une bonne heure entrait dans une forme de célébration festive. C'est dans cet univers où l'humanisme était au rendez-vous que les frères ont fait la rencontre de celui qui restera à jamais dans leur vie un ami. C'est au tour d'un plat de couscous qu'ils découvrirent un autre Maroc. Pour ceux qui vivaient exclus de la société, ce moment avait été un instant où ils avaient eu l'occasion de renouer avec le lien social. Au-delà du partage, une grande sincérité, un amour vrai est né entre les trois hommes. Les deux jeunes ont eu ainsi la chance de travailler avec Mr Ali. Ils avaient ainsi trouvé une entrée d'argent assez intéressante. Ce dernier en plus de leur avoir permis de gagner dignement leur vie, le Sidi Ali comme ils avaient l'habitude de l'appeler leur offrait quotidiennement de la nourriture ainsi que le réconfort psychologique. Ainsi dans cette vie de solitude, le destin leur avait offert une sorte d'appui sur lequel ils pouvaient se rabattre et espérer voir le bout du tunnel. Les mois donc passèrent, et les deux jeunes commencèrent à s'intégrer tout en gardant à l'esprit leur rêve de regagner un jour l'Europe. Pour Felix, ce voyage commençait à avoir un impact positif sur lui. Ce nouveau pays avait comme par magie dilué sa peine et sa tristesse. Lui qui avait perdu une part de son amour propre commençait peu à peu à avoir du goût pour l'existence et surtout de l'espoir pour son avenir. Même si la couleur, la culture les différenciaient, Ali avait réussi à créer ce terrain de l'universel, où ces jeunes et lui mettaient de côté ce qu'ils ne partageaient pas et faisaient humanité sur les choses qui les unissaient. Sa sagesse et son altruisme a été une thérapie efficace pour le jeune Félix. Et même si les démons de la mine ainsi que l'ombre constamment présente de son frère nunago ne pouvaient disparaître d'un seul coup du jour au lendemain, les belles paroles d'Ali permettaient au jeune Félix d'aller de l'avant. Cette réalité sociale douloureuse qui avait réussi à les briser et même à les pousser à abandonner leur pays, se dissipait peu à peu dans leur opinion.

Grace à Ali, ils avaient recommencé à avoir confiance en la vie. Ils ne vivaient plus comme des soldats avec pour seul mission : la réussite à tout prix. Ils avaient commencé à apprécier la vie avec modestie et à vivre chaque instant malgré leurs difficultés et leur misère. Et ce fut l'un des plus grands cadeaux que ce fils de paysan leur avait transmis.

Ali poussant avec vivacité son chariot de légume, chaque jour dans le rayon, était l'un des hommes les plus heureux de la ville. Sa richesse était son cœur. Tel un homme de lumière, cet homme malgré ses conditions matérielles minimes avait trouvé une part pour les Kinda. Lui qui ne se plaignait jamais de quoi que ce soit, même si des problèmes, il en avait, était pour ces jeunes la rose pétillante illuminant leur vie.

4-L'envelopper

Une année s'était écoulée et les frères kabinda avaient grâce à Ali économisé suffisamment d'argent pour espérer payer leur voyage.

Tout allait donc pour le mieux au sein de la petite fratrie qui s'était créé. Les jours passaient et les frères se rapprochaient de leur objectif. Ils avaient pu entrer en contact avec un chaman qui était prêt à programmer un voyage pour eux. Connu pour ses mers agitées, les côtes marocaines étaient pratiquées seulement en été. Connu par la majorité des migrants, bélier blanc disposait d'un véritable réseau pour faciliter le voyage de ses passeurs. Allant de 1000 à 3000 euros, les migrants étaient prêts à tout pour payer le prix de l'Europe au risque de mettre en péril leur vie. Pour Felix et nuango, le voyage était évalué à près de 3500 euros. Avec leurs économies de plusieurs mois de travail ainsi que la petite bourse que Kinda avait gagnée lors de sa dernière mission avec les kalanga, ils étaient donc prêts à payer leur voyage.

Pour plus de sécurité, ils avaient remis l'argent à sidi Ali qui était quelque part leur garant. Il devait donc selon la clause du contrat avec le passeur, remettre l'argent à ce dernier une fois les deux garçons entrés en terre européenne.

Cependant, ils étaient loin de se douter de ce qui les attendait.

Envahi par une forme de joie de libération mélangée à une forme de peur, les deux voyageurs s'apprêtaient à vivre le moment qu'ils attendaient depuis maintenant 3 longues années. Même s'ils avaient trouvé une forme de paix sociale auprès d'Ali, les deux frères n'avaient pas cependant sorti de leur esprit la promesse qu'ils s'étaient faits notamment celle de triompher de cet état d'impuissance sociale. Emigrés loin du Congo était pour eux une thérapie contre les horreurs qu'ils avaient pu bien vivre. De la mine de bakwanga, à la milice de kalanga, sans oublier la perte de leur benjamin, les kabinda étaient à quelque pas de la porte de sortie.

Ils étaient prêts à vivre loin de cette précarité qui leur collait à la peau. Pour eux l'Europe, loin de se douter de la réalité, était ce paradis qui allait tout changer dans leur vie. Pas que pour les deux frères, cette idée était la projection de tous les migrants. Ce feu libérateur qui brulait en chacun d'eux était le moteur qui les poussait à aller au-delà de l'inimaginable. Tel des illuminés, ces migrants sont prêts à tout pour atteindre leur paradis. Leur slogan : Barça ou balzack, est une expression qui en dit long sur leur état d'esprit.

Dans ce ballet suicidaire, c'est bien les travailleurs de l'immigration qui se frottent les mains. Sur les cadavres des filles et des fils du continent, ces passeurs construisent leur fortune et ne font qu'étendre leurs réseaux. Organisé comme une mafia, les forces de lutte contre ce fléau peine à faire face à ces nouveaux criminels de la méditerranée. Comme la drogue, leur opportunité de traverser sont des passeports directs pour la mort[5].

Telle une prédation organisée, le business des passeurs de la mort continue à ce jour à multiplier les victimes. Et la famille kabinda allait encore subir, une tragédie qui cette fois-ci allait pour de bon changer le destin de la fratrie.

Se préparant pour la traversée, les deux frères demeuraient dans une ambiance de nostalgie de leur bon moment qu'ils avaient passés avec celui qui pour eux était comme un père. Ils étaient loin de se douter que ce voyage allait pour de bon les séparer à jamais. Le jour du grand départ, c'est avec un petit sac en forme de banane que les deux frères quittent secrètement leur camp et rejoignent au point de rencontre l'équipe des passeurs ainsi que les 40 autres passagers qui feront le voyage avec eux.

Afin de tromper la vigilance des garde-côtes, c'est tard dans la nuit que la mission de la traversée débuta. Accroupi comme des commandos en mission d'invasion, c'est à petit pas qu'ils avancent vers le zodiac embusqué. Ce jour-là, la mer affichait un calme inhabituel. Faisant l'affaire du capitaine, en de pareil météo, l'équipage ainsi que les passagers, remerciaient les dieux sans se douter de ce qui allait changer leur destinée dans les jours à venir. Après l'embarquement, c'est dans une discrétion totale qu'ils commençaient à ramer jusqu'à sortir du

---

[5] Selon l'Organisation internationale pour les migrations (OIM), plus de 100 000 migrants sont morts noyés [entre la Libye et l'Italie] depuis 2014.

champ de vision des garde-côtes marocaines. Une fois loin en mer, le capitaine mis les voiles en allumant les gros moteurs au bruit ahurissant. Seul en mer, les hommes de l'aventure avancent avec beaucoup de peur et d'incertitudes vers leur objectif. Une journée venait de s'écouler et ils n'avaient pas encore aperçu les côtes espagnoles. Probablement perdu, le chef du zodiac cependant gardait son calme même si sur les visages on pouvait lire le désarroi.

Le soleil commençait a caché ses rayons, et tout à coup, les vagues comme dans un ballet musical ont commencé à suivre le rythme du vent. Ce signal de la nature avait cette fois poussé le capitaine du bateau à exprimer une expression claire que tout le monde pouvait déchiffrer. Pendant que les uns commençaient à invoquer le christ, et les autres se mirent à scander le nom d'Allah et celui de son messager, les frères Kabinda affichaient un certain calme de résignés.

Comme s'ils savaient ce qui les attendait, les deux garçons étaient d'un froid de mort face aux caprices meurtriers de la mer. Les vagues étaient déchainées comme si Poséidon en personne avait décidé de punir cette folie quelque part légitime. Accrochés à la vie et surtout aux rêves, les passagers du zodiac triomphaient de la mort. Malgré leur résilience, leur espoir de survie fut balayé par cette grande faucheuse du haut de ses 3 mètres de hauteur. Kinda, ce miraculeux de la vie n'oubliera jamais ce qui a été à l'origine de sa mort sociale.

Ce jour-là les prières et l'abnégation n'ont pas suffi pour sauver certains de la noyade et de cette mort de misérable. C'est dans ce contexte terrifiant où la mort se déchainait sur ces pauvres des pauvres que le miracle se produisit. C'est dans cette lutte de la survie dans ces eaux troubles, qu'une lumière débordante, telle une lueur d'espoir sortit de nulle part. Essoufflé, à moitié mort, kinda fut repêché par les marins de la Guardia civile.

Chapitre III : un reflet illusoire

Ce survivant des mines, des combats dans le kivu, venait ainsi de triompher de la grande méditerrané, celle qui avait déjà presque consumé plus d'une centaine de milliers de jeunes africains. Inconscient, il ne savait pas encore que son compagnon de sang lui, avait été emporté dans les tréfonds de la mer. Sauvé par ses marins espagnols, c'est 5 jours après sur son lit de convalescence que le survivant a appris la nouvelle de la perte de son frère Félix. Comme s'ils s'adressaient à un pantin inanimé, ces médecins de la croix rouge, ont été choqués par le visage vide d'émotion, voire de vie. Kinda bien que vivant était spirituellement le mort.

Constatant sa pathologie psychologique, ils décidèrent de le mettre dans un centre de traitement de maladie mental. C'est donc dans un petit centre du Nord de l'Espagne que le jeune homme brisé en mille morceaux commença à refaire humanité après ce qu'il venait de traverser Ayant récupéré un peu de force physique suite au lourd traumatisme qu'il avait subi, Kinda était par contre dévasté moralement. Bénéficiant d'un service minimum en raison de son statut d'immigré clandestin, la vie au sein du centre était loin du paradis qu'il s'imaginait. Seul face à son destin, kinda passait ses journées devant la fenêtre le visage fixé sur la vue qu'offrait sa fenêtre. Coupé du monde et de la vie sociale, il passait son temps entre le silence contemplatif, le sommeil et les petits moments où il s'adonnait un ballet qui ressemblait un peut à une forme de vie normale. C'est seulement aux heures de repas à la cantine, que kinda avait l'opportunité, du moins contraint de voir d'autres visages.

En effet, sombrant dans le désespoir et la mélancolie, le jeune kinda avait perdu goût à la vie. Cloitré dans sa chambre et ainsi condamné à scruter longuement le paysage verdoyant au travers de sa petite chambre, le jeune bantou dans son esprit essayait de comprendre ce destin qui avait fini par faire de lui un être seul au monde.

Ayant voulu triompher de leur misère, ces jeunes survivants ont été rattrapé par la réalité douloureuse qui les suivait. Pour ceux qui croyaient que le bonheur se trouvait à un endroit donné, ils allaient finir par avoir le goût amer de la déception dans la bouche. Et cette déception allait davantage s'amplifier au contact du monde extérieur.

1. La mort sociale

Après avoir passé presque une année dans ce centre Kinda avait commencé à faire des progrès au niveau de sa santé mentale. Et cela a d'ailleurs convaincu le personnel soignant à lui permettre de renouer avec le monde extérieur. Voilà comment Kinda se voit offrir une toute nouvelle vie dans cette Europe qu'il avait tant idéalisée. Rêvant de Paris depuis son Congo natal, il prit le premier Car à la gare de Madrid pour se rendre en France. Même s'il venait d'avoir droit à une forme de seconde chance, il ne semblait pas pour autant enthousiaste car s'il avait appris une chose depuis le début de son périple, c'est que cette laideur sociale qu'il fuyait tant était à tout moment non loin de lui. Parti avec juste une petite pension que lui assurait l'ONG humanitaire, kinda allait à la rencontre de son rêve. Pour ce fils de mineur, être à Paris était dans ce désert de mélancolie qu'était sa vie, une lueur d'espoir.

Seul dans cette grande ville du monde, le jeune congolais faisait ainsi face à son destin. Ayant triomphé de l'horreur, il était maintenant sur le chemin de cette réparation sociale.

Pour ces milliers de jeunes rescapés, l'Europe est perçue comme cet eldorado reconstructeur.

Pour ceux qui avaient été brisés par la société, ils espéraient comme un phénix renaitre de leur cendre. Kinda, comme ses jeunes aventuriers à la recherche du bonheur social, était persuadé qu'une fois en Europe ils allaient trouver réparation. Pour celui qui avait tout risqué même sa vie pour échapper à la laideur sociale, il allait encore être confronté à cette même réalité sociale. Considéré comme presque un paradis sur terre, ces jeunes migrants semblent être convaincus qu'une fois dans l'hexagone, ils seront affranchis de cette vie de misère.

Face à la réalité brutale, ils sont légion ces migrants qui coulent aujourd'hui sous le poids de la précarité.

Ces migrants devenus de trop, après les grandes campagnes de recrutement par des multinationales dans les années 70, ils sont devenus aujourd'hui les parias de la société européenne. Etant au cœur de toutes les grandes politiques de campagne, la question de la migration en Europe et plus particulièrement en France se pose comme un vrai débat national. C'est donc dans ce contexte brulant que le jeune kinda arriva en plein Paris. Ne connaissant pratiquement personne dans cette ville, c'est la grande station de métro qui fut son premier refuge. Lui qui était habitué à la vie de SDF, il allait être confronté à la dure réalité du froid extrême, sans oublier les problématiques d'hygiènes et de sécurité.

Ayant trouvé refuge dans le sous terrain de la station, le jeune homme partageait ce territoire lugubre avec une bonne dizaine de frères africains. Entassés parmi les rats, ses migrants arrivaient quand même à trouver le sommeil. De ghetto en ghetto, pour plus d'un, ce qu'ils traversaient au quotidien était loin de ce dont ils avaient rêvé. Un appartement, de beaux vêtements, un bon boulot, la femme à la peau blanche....

Ce sombre tableau était loin de l'idée qu'ils nourrissaient tous en dehors des lignes européennes. Pour eux c'était ce Paradis où le dieu argent était clément, partageant richesse abondante aux hommes de la cité blanche.

Comme un condamné, Kinda voyait sans filtre cette Europe de la survie. Chaque jour était pour lui un interminable châtiment. Entre la course au bain et celle du ventre, le jeune kinda vivait une autre forme de misère sociale, loin des mines et des champs de guerre.

Le vieux continent, depuis la fin du 20e siècle a été la destination de choix des citoyens venant des pays du Sud. Cependant, aujourd'hui c'est une tout autre Europe, avec des réalités de gouvernance qui s'imposent et en même temps guident l'action des politiques d'ouverture. Cette Europe méconnue ou du moins ignorée de fait par ces acharnés de la sécurité sociale, est aujourd'hui une prison à ciel ouvert pour ces derniers.

Bien que tout le monde ne soit pas Mamadou Gassama, ils sont légion, ces jeunes africains dont la vie aujourd'hui est mise en pause. Et cette réalité d'une Europe en décadence économique bouleversait les rêves de ces jeunes. L'ère de l'abondance était maintenant un passé lointain. Ces jeunes des années 90, qui dans le temps faisaient rêver les cheguey, avec leurs habits de valeurs et leur parlé chic ont disparu des radars. Avec la montée des mouvements nationalistes ces dix dernières années, et l'émergence d'un contexte économique marqué par les crises extrêmes, le vieux continent est devenu un territoire complexe aux projets de migration en provenance des pays du Sud. Pour ces nombreux migrants, y compris Kinda, ce changement de tendance socio-économique pose les bases d'un nouveau type de réalité migratoire. Livré à eux-mêmes, ces milliers de jeunes aux espoirs incertains dans une Europe en combustion, demeurent dans le sombre couloir de la mort sociale. Héros pour d'autres et parias pour certains, ces damnées de la terre, à la recherche d'un avenir meilleur, acquiescent fatalement le lourd sort.

2. Le chemin de la raison, plus qu'une chimère

Errant de rue en rue, ces migrants à la recherche du bonheur ou du moins d'une forme de sécurité sociale, espéraient toujours apercevoir la lumière au bout du tunnel. Déçus par ce qu'il avait vu dans cette ville, Kinda espérait un jour que sa situation changerait. C'est donc avec le goût amer de la déception et surtout de la solitude qu'il se résigna à aller dans une autre région de France.

Et derrière cette résignation ou pour certains, perçu comme de la pugnacité, on peut faire la lecture d'un tout autre tableau. La suppression du choix. Certaines élites loin de la précarité, pensent sans se tromper que l'immigration est un choix de vie.

Sauf que c'est faux. Personne ne décide d'être migrant encore moins misérable. Ce chemin et tous les risques qu'ils renferment n'est pas volontaire. En quittant leur pays natal, pour l'Europe, ils avaient déjà pour beaucoup perdu leur âme.

Le capitalisme vorace des mines du Kivu avait déjà arraché tout ce qui restait d'humain chez Kinda.

A regarder la misère autour de lui sans oublier les cadavres que cette dernière avait laissée sur le rivage, ce dernier ne pouvait qu'être condamné à avancer sans se retourner.

Et au-delà des regards de jugement de ces gens pour qui le migrant est un suicidaire, ils ignorent cependant le sombre décor qui motive ce voyage de réparation sociale.

En effet en Afrique ces dernières années, il a toujours été question de survie et de réparation sociale au sein des énormes flux migratoires illégales en destination de l'Afrique du Nord, puis de l'Europe. Ces milliers de femmes, d'enfants et d'hommes oubliés par le système sont contraints de trouver ailleurs ce que les siens leur refusent. L'absence de politique publique, la gabegie des régimes, le mépris des élites, sont des éléments d'une longue liste de ratés socio-politiques qui alimentent l'imaginaire du désespoir africain.

Aujourd'hui pour beaucoup de jeunes, l'immigration se positionne comme un sacrifice légitime, un feu libérateur dans ces prisons à ciel ouvert. Loin des récits médiatiques orientés, il faut avoir le courage et l'honnêteté d'aller chercher les causes de ce fléau.

Sans tomber dans le sentimentalisme ou encore prendre les raccourcis des hauts fonctionnaires de l'Union Européennes, l'on peut s'apercevoir des mécanismes qui alimentent le feu de l'immigration. Au lendemain des deux chocs mondiaux, on a pu voir comment certains peuples d'Europe ont convergé en masse vers les Etats-Unis. Pareille, pour l'Italie lorsque le fascisme avait le pouvoir, plusieurs Italiens se sont retrouvés en France. Pareille pour l'Espagne sous la dictature frankiste.

Les déplacements de masse dans l'histoire du monde sont un phénomène social qui a toujours existé. Alors, nous ne comprenons pas cette hypocrisie des classes politiques Européennes qui ont décidé de faire de ce sujet un programme politique.

Ignorant volontairement les causes, c'est avec un mépris rationnalisé à l'intérieur d'une rhétorique mécanique qu'ils préfèrent s'arrêter sur les conséquences.

Par exemple dans la région du kivu on sait comment les grandes sociétés occidentales participent à l'appauvrissement des populations. Fermant les yeux sur les différents réseaux illégaux d'exploitations minières en achetant à des prix dérisoires les minerais. Aujourd'hui plusieurs enquêtes ont révélé les liens incestueux entre certaines multinationales et les régimes africains à la veille des campagnes électorales. De surcroit des puissances Européennes qui ferment les yeux sur des dictatures en puissance, des Etats voyous et ce au nom des intérêts capitalistes. Alors en toute sérénité on peut conclure que ces milliers de migrants en direction de l'Europe suivent simplement les traces des ressources naturelles.

3. L'Asile

Piégé dans la peau d'un SDF, l'enfant soldat n'espérait plus voir le bout du tunnel. Résigné, son regard avait perdu toute humanité. Trainant dans les rues de Paris, il attendait avec impatience le départ. Trop fier pour s'ouvrir les veines, cette vie de désespoir et d'un rêve quelque part perdu pesaient sur les épaules de kinda. Lui qui était fort comme un rock, était arrivé au seuil de l'insupportable. Entre le regard méprisant de la France et cette image de prison du Congo ainsi que l'horreur des mines, c'était également un autre fardeau qui tourmentait le sommeil de l'homme. Ils sont nombreux, ces Kinda, aujourd'hui dans les rues d'Europe et de la France. Pensant que l'occident est une réponse à leur misère, ces derniers sont confrontés à la réalité douloureuse du système capitaliste qui partout installe les lignes de l'impuissance, de la précarité généralisée. Immigration clandestine, chômage de masse, mauvaise gouvernance, racisme économique, politique et culturel...nous pensons que tous ces termes sont alimentés dans le monde par un système que beaucoup refusent de nommer par peur de la censure. Pas que ! Ces hauts fonctionnaires de l'Afrique sont conscients du cancer que le néolibéralisme inflige depuis des siècles à l'Afrique mais ne peuvent broncher sinon : plus d'aide au développement, au lobbying international, fini les privilèges et la carrière !

Quelqu'un me demandait un jour qu'est-ce que le panafricanisme : le panafricanisme aujourd'hui pour moi est une forme de vérité et d'éveil sur les injustices subies par l'homme. Car, au-delà de la couleur nous pensons que l'enjeu de ce 21e siècle se joue au niveau du bloc auquel nous appartenons : soit celui des opprimés soit celui des oppresseurs.

En France aujourd'hui avec la question des retraites on voit la grande marée humaine qui montre son impuissance vis à vis du capitalisme de prédation. Chez nous en Afrique on a ce même système représenté par une élite qui, en pilotage automatique, suit l'agenda de leur maître et profite d'ailleurs, eux et leur entourage, des richesses.

La seule différence qui existe entre ces deux peuples d'opprimées c'est que l'un est dans une forme d'oppression modernisée avec tous ce qui va avec : allocation, dictature idéologique, théorisée (matraquage de l'opinion - conditionnement de masse par les écoles libérales) mondialisation heureuse (digitalisation, génération mee To, wokisme, génération Netflix).

Et l'autre peuple est maintenu dans une oppression de terreur, de violence, d'omerta absolue.

De souffrance en silence et de collaboration forcée pour ceux qui arrivent à être des acteurs de contre-pouvoir (parti d'opposition, société civile...)

Il y a donc une nécessité impérieuse aujourd'hui de réveiller les jeunes générations sur les véritables défis notamment la lucidité claire de cette matrice bien organisée qui a été l'esprit de la traite négrière, de la colonisation et qui alimente aujourd'hui les grandes percées migratoires.

Nos ancêtres dans les champs de coton pour moi n'avaient pas besoin de lire Marx pour comprendre ce que c'est que l'appareil productif, la force de travail, le capital. Ils sont les ancêtres des ouvriers dans les usines. Eux aussi, même si blancs, ils sont d'une manière esclave. L'esclavage la plus dangereuse : car le sujet ignore sa posture ou du moins se force d'ignorer l'évidence...jusqu'à ce que l'évidence se transforme en révolution. Tant que nous ne serons pas conscients des enjeux de ce système économique et politique...quels que soit les élections et les présidents qui défileront à la tête de nos États rien ne changera si ce n'est les dispositions des chaises à la Présidence et les visages dans nos différentes administrations ! Cette problématique de l'immigration clandestine ainsi que de l'exploitation des enfants dans les mines du Nord Kivu est une résultante du système néolibérale. Ces jeunes africains sont des victimes de cette machine qui a été à la base de la traite négrière et qui aujourd'hui de façon bien organisée suce les ressources du continent en collaboration avec une élite libérale à leur ordre.

Il y a donc lieu aujourd'hui de changer notre perception que nous avons de ces maux qui aujourd'hui offrent un sombre tableau de l'Afrique.

Aujourd'hui l'Europe à un véritable devoir d'action face à ce fléau. Il faut un peu qu'elle quitte la posture de celle qui est envahie pour un peu tourner le regard sur les causes profondes de ce problème. L'Afrique aujourd'hui est victime de régimes autocratiques qui maintiennent leurs populations sous le joug de la pauvreté, de conditions précaires, d'absence de politique axée sur le citoyen, en un mot « d'injustices sociales ». Ajouter à cela, les conséquences du conflit libyen ont amplifié la situation. Le territoire libyen est devenu une zone incontrôlée qui sert de base arrière, abritant plusieurs réseaux de passeurs et de trafic d'êtres humains. La Libye, en plus d'être une zone stratégique dans ce processus de flux migratoire, est devenue un véritable espace de terreurs où femmes et hommes sont réduits à l'esclavage. Ce problème doit être autrement perçu, en d'autres termes ne nous arrêtons pas sur le constat d'optique car derrière le phénomène de l'immigration clandestine se cachent plusieurs facteurs endogènes que nous refusons de nommer.

Au travers de cette fiction mettant la lumière dans un narratif constructif sur la question des ouvriers des mines, des enfants soldats, et des migrants, notre objectif est d'attirer l'attention des âmes sur cette misère sociale ainsi que les problématiques qui en découlent. Imbriqué l'un dans l'autre, l'on ne peut comprendre ce qui se passe aujourd'hui dans le Nord Kivu et dans la méditerranée sans faire l'effort d'aller chercher les réponses à l'intérieur de l'impérialisme occidental qui semble ignorer sur la base d'un cynisme légendaire les causes de ces horreurs. Ce pauvre Kinda dans cette première partie de cette tragédie est une double victime : celle du système et celui de cette société de zombie. Sur les cendres de l'humanisme, les maitres du capitalisme nous ont appris la compétitivité, la méfiance, et l'acceptation de la décadence morale. Une décadence perceptible aujourd'hui à tous les niveaux de la matrice sociale. Plongeant aujourd'hui les humains dans une forme de morale stérile dans ce champ social en ruine et en lambeau. Il incombe donc aux héritiers des poétes qui pour certains sont encore censés et arrivent à percer le voile et à apercevoir cette société telle qu'elle est, de mettre les mots sur cette réalité bien dissimulée. Afin que les gens se reviellent à leur humanité, à leur raison.

yes

I want morebooks!

Buy your books fast and straightforward online - at one of world's fastest growing online book stores! Environmentally sound due to Print-on-Demand technologies.

Buy your books online at
www.morebooks.shop

Achetez vos livres en ligne, vite et bien, sur l'une des librairies en ligne les plus performantes au monde!
En protégeant nos ressources et notre environnement grâce à l'impression à la demande.

La librairie en ligne pour acheter plus vite
www.morebooks.shop

info@omniscriptum.com
www.omniscriptum.com

Printed by Books on Demand GmbH, Norderstedt / Germany